PAUL VERLAINE

LES

POÈTES MAUDITS

NOUVELLE ÉDITION
Ornée de six portraits par Luque

TRISTAN CORBIÈRE
ARTHUR RIMBAUD   STÉPHANE MALLARMÉ
MARCELINE DESBORDES-VALMORE
VILLIERS DE L'ISLE-ADAM
PAUVRE LELIAN

PARIS

LÉON VANIER, ÉDITEUR

19, QUAI SAINT-MICHEL, 19

1888

LES POÈTES MAUDITS

AVANT-PROPOS

C'est *Poètes Absolus* qu'il fallait dire pour rester dans le calme, mais, outre que le calme n'est guère de mise en ces temps-ci, notre titre a cela pour lui qu'il répond juste à notre haine et, nous en sommes sûr, à celle des survivants d'entre les Tout-Puissants en question, pour le vulgaire des lecteurs d'élite — une rude phalange qui nous la rend bien.

Absolus par l'imagination, absolus dans l'expression, absolus comme les Reys Netos des meilleurs siècles.

Mais maudits !

Jugez-en.

TRISTAN CORBIÈRE

Tristan Corbière fut un Breton, un marin, et le dédaigneux par excellence, œs triplex. Breton sans guère de pratique catholique, mais croyant en diable ; marin ni militaire, ni surtout marchand, mais amoureux furieux de la mer qu'il ne montait que dans la tempête, excessivement fougueux sur ce plus fougueux des chevaux (on raconte de lui des prodiges d'imprudence folle), dédaigneux du Succès et de la Gloire au point qu'il avait l'air de défier ces deux imbéciles d'émouvoir un instant sa pitié pour eux!

Passons sur l'homme qui fut si haut, et parlons du poète.

Comme rimeur et comme prosodiste il n'a rien d'impeccable, c'est-à-dire d'assommant. Nul d'entre les Grands comme lui n'est impeccable, à commencer par Homère qui somnole quelquefois, pour aboutir à Gœthe le très humain, quoi qu'on die, en passant par le plus qu'irrégulier Shakspeare. Les impeccables, ce sont... tels et tels. Du bois, du bois et encore du bois. Corbière était en chair et en os tout bêtement.

Son vers vit, rit, pleure très peu, se moque bien, et blague encore mieux. Amer d'ailleurs et salé comme son cher Océan, nullement berceur ainsi qu'il arrive parfois à ce turbulent ami, mais roulant comme lui des rayons de soleil, de lune et d'étoiles dans la phosphorescence d'une houle et de vagues enragées !

Il devint Parisien, un instant, mais sans le sale esprit mesquin : des hoquets, un vomissement, l'ironie féroce et pimpante, de la bile et de la fièvre s'exaspérant en génie et jusqu'à quelle gaîté !

Exemple :

RESCOUSSE

Si ma guitare
Que je répare,
Trois fois barbare,
Kriss indien,

Cric de supplice,
Bois de justice,
Boîte à malice,
Ne fait pas bien...

Si ma voix pire
Ne peut te dire
Mon doux martyre...
— Métier de chien ! —

Si mon cigare,
Viatique et phare.
Point ne t'égare ;
— Feu de brûler...

Si ma menace,
Trombe qui passe,
Manque de grâce ;
— Muet de hurler !...

Si de mon âme
La mer en flamme

1.

N'a pas de lame;
— Cuit de geler...

Vais m'en aller !

Avant de passer au Corbière que nous
préférons, tout en raffolant des autres, il
faut insister sur le Corbière parisien, sur
le Dédaigneux et le Railleur de tout et de
tous, y compris lui-même.

Lisez encore cette

ÉPITAPHE

Il se tua d'ardeur et mourut de paresse.
S'il vit, c'est par oubli; voici ce qu'il se laisse :
Son seul regret fut de n'être pas sa maîtresse.

Il ne naquit par aucun bout,
Fut toujours poussé vent debout
Et fut un arlequin-ragoût,
Mélange adultère de tout.

Du *je-ne-sais-quoi.* — Mais sachant tout
De l'or, — mais avec pas le sou;
Des nerfs, — sans nerf. Vigueur sans force;
De l'élan, — avec une entorse;

De l'âme, — et pas de violon ;
De l'amour, — mais pire étalon ;
Trop de noms pour avoir un nom.

. . . .

Nous en passons et des plus amusants.

. . . .

Pas poseur, — posant pour *l'unique;*
Trop naïf étant trop cynique ;
Ne croyant à rien, croyant tout.
— Son goût était dans le dégoût.

. . . .

Trop *soi* pour se pouvoir souffrir,
L'esprit à sec et la tête ivre,
Fini, mais ne sachant finir,
Il mourut en s'attendant vivre
Et vécut, s'attendant mourir.
Ci-gît, cœur sans cœur, mal planté,
Trop réussi comme raté.

Du reste il faudrait citer toute cette partie du volume, et tout le volume, ou
plutôt il faudrait rééditer cette œuvre
unique, *Les Amours Jaunes* [1], parue en
1873, aujourd'hui introuvable ou presque,

1. Glady frères.

où Villon et Piron se complairaient à voir
un rival souvent heureux, — et les plus
illustres d'entre les vrais poètes contemporains un maître à leur taille, au
moins !

Et tenez, nous ne voulons pas encore
aborder le Breton et le marin sans quelques dernières expositions de vers déta-
chés, qui existent par eux-mêmes, de la
partie des *Amours Jaunes* qui nous occupe.

A propos d'un ami mort « de *chic*, de
boire ou de phthisie » :

Lui qui sifflait si haut son petit air de tête.

A propos du même, probablement :

Comme il était bien Lui, ce Jeune plein de sève !
Apre à la vie *O gué !..* et si doux en son rêve.
Comme il portait sa tête ou la couchait gaîment !

Enfin ce sonnet endiablé, d'un rhythme
si beau :

HEURES

Aumône au malandrin en chasse !
Mauvais œil à l'œil assassin !
Fer contre fer au spadassin !
— Mon âme n'est pas en état de grâce ! —

Je suis le fou de Pampelune,
J'ai peur du rire de la Lune
Cafarde avec son crêpe noir...
Horreur ! tout est donc sous un éteignoir.

J'entends comme un bruit de crécelle...
C'est la male heure qui m'appelle.
Dans le creux des nuits tombe un glas... deux glas.

J'ai compté plus de quatorze heures...
L'heure est une larme. — Tu pleures,
Mon cœur !.. Chante encor, va ! — Ne compte pas.

Admirons bien humblement, — entre
parenthèses, cette langue forte, simple en
sa brutalité charmante, correcte étonnam-
ment, cette science, au fond, du vers, cette
rime rare sinon riche à l'excès.

Et parlons cette fois du Corbière plus
superbe encore.

Quel Breton bretonnant de la bonne manière! L'enfant des bruyères et des grands chênes et des rivages que c'était! Et comme il avait, ce faux sceptique effrayant, le souvenir et l'amour des fortes croyances bien superstitieuses de ses rudes et tendres compatriotes de la côte !

Écoutez ou plutôt voyez, voyez ou plutôt écoutez (car comment exprimer ses sensations avec ce monstre-là ?) ces fragments, pris au hasard, de son *Pardon de Sainte Anne.*

. . . .
Mère taillée à coups de hache,
Tout cœur de chêne dur et bon,
Sous l'or de ta robe se cache
L'âme en pièce d'un franc Breton !

Vieille verte à face usée
Comme la pierre du torrent;
Par des larmes d'amour creusée,
Séchée avec des pleurs de sang.

. . . .
Bâton des aveugles ! Béquille
Des vieilles ! Bras des nouveau-nés !

Mère de madame ta fille !
Parente des abandonnés !

— O Fleur de la pucelle neuve !
Fruit de l'épouse au sein grossi,
Reposoir de la femme veuve...
Et du veuf Dame-de-merci !

.   .   .   .

Prends pitié de la fille-mère,
Du petit au bord du chemin.
Si quelqu'un lui jette la pierre
Que la pierre se change en pain

.   .   .   .

Impossible de tout citer de ce *Pardon*
dans le cadre restreint que nous nous
sommes imposé. Mais il nous paraîtrait
mal de prendre congé de Corbière sans
donner en entier le poème intitulé *la Fin*,
où est toute la mer.

> O combien de marins, combien de capitaines
> Etc.   (V. Hugo.)

Eh bien, tous ces marins — matelots, capitaines,
Dans leur grand Océan à jamais engloutis...
Partis insoucieux pour leurs courses lointaines
Sont morts — absolument comme ils étaient partis.

Allons ! c'est leur métier ; ils sont morts dans leurs
[bottes !
Leur *boujaron* au cœur, tout vifs dans leurs capotes...
— *Morts*... Merci : la *Camarde* a pas le pied marin
Qu'elle couche avec vous : c'est votre bonne-femme...
— Eux, allons donc : Entiers ! enlevés par la lame
Ou perdus dans un grain...

Un grain... est-ce la mort, ça ? la basse voilure
Battant à travers l'eau ! — Ça se dit *encombrer*...
Un coup de mer plombé, puis la haute mâture
Fouettant les flots ras — et ça se dit *sombrer*.

— Sombrer — Sondez ce mot. Votre *mort* est bien pâle
Et pas grand'chose à bord, sous la lourde rafale...
Pas grand'chose devant le grand sourire amer
Du matelot qui lutte. — Allons donc, de la place ! —
Vieux fantôme éventé, la Mort change de face :
La Mer !...

Noyés? — Eh! allons donc! Les *noyés* sont d'eau douce.
— Coulés ! corps et biens ! Et, jusqu'au petit mousse,
Le défi dans les yeux, dans les dents le juron !
A l'écume crachant une chique râlée,
Buvant sans hauts-de-cœur *la grand'tasse salée*...
— Comme ils ont bu leur boujaron. —
. . . .

— Pas de fond de six pieds ni rats de cimetière :
Eux, ils vont aux requins ! L'âme d'un matelot,

Au lieu de suinter dans vos pommes de terre,
  Respire à chaque flot.

— Voyez à l'horizon se soulever la houle;
    On dirait le ventre amoureux
D'une fille de joie en rut, à moitié soûle...
    Ils sont là ! — La houle a du creux. —

— Écoutez, écoutez la tourmente qui beugle !...
C'est leur anniversaire. — Il revient bien souvent ! —
O poète, gardez pour vous vos chants d'aveugle;
— Eux : le *De profundis* que leur corne le vent.

... Qu'ils roulent infinis dans les espaces vierges !...
    Qu'ils roulent verts et nus,
Sans clous et sans sapin, sans couvercle, sans cierge.
— Laissez-les donc rouler, *terriers* parvenus !

II

ARTHUR RIMBAUD

Nous avons eu la joie de connaître
Arthur Rimbaud. Aujourd'hui des choses
nous séparent de lui sans que, bien en-
tendu, notre très profonde admiration ait
jamais manqué à son génie et à son caractère.

A l'époque relativement lointaine de
notre intimité, Arthur Rimbaud était un
enfant de seize à dix-sept ans, déjà nanti
de tout le bagage poétique qu'il faudrait
que le vrai public connût et que nous es-
saierons d'analyser en citant le plus que
nous pourrons.

L'homme était grand, bien bâti, presque
athlétique, au visage parfaitement ovale
d'ange en exil, avec des cheveux châtain-
clair mal en ordre et des yeux d'un bleu
pâle inquiétant. Ardennais, il possédait, en

plus d'un joli accent de terroir trop vite
perdu, le don d'assimilation prompte
propre aux gens de ce pays-là, — ce qui
peut expliquer le rapide desséchement,
sous le soleil fade de Paris, de sa veine,
pour parler comme nos pères, de qui le lan-
gage direct et correct n'avait pas toujours
tort, en fin de compte !

Nous nous occuperons d'abord de la
première partie de l'œuvre d'Arthur Rimbaud, œuvre de sa toute jeune adoles-
cence, — gourme sublime, miraculeuse
puberté ! — pour ensuite examiner les diverses évolutions de cet esprit impétueux,
jusqu'à sa fin littéraire.

Ici une parenthèse, et si ces lignes tombent d'aventure sous ses yeux, qu'Arthur Rimbaud sache bien que nous ne
jugeons pas les mobiles des hommes et
soit assuré de notre complète approbation
(de notre tristesse noire, aussi) en face de
son abandon de la poésie, pourvu, comme
nous n'en doutons pas, que cet abandon
soit, pour lui, logique, honnête et néces-
saire.

L'œuvre de Rimbaud remontant à la

période de son extrême jeunesse, c'est-à-
dire à 1869, 70, 71, est assez abondante et
formerait un volume respectable. Elle se
compose de poèmes généralement courts,
de sonnets, triolets, pièces en strophes de
quatre, cinq et de six vers. Le poète n'em-
ploie jamais la rime plate. Son vers, solide-
ment campé, use rarement d'artifices. Peu
de césures libertines, moins encore de
rejets. Le choix des mots est toujours exquis, quelquefois pédant à dessein. La
langue est nette et reste claire quand l'idée
se fonce ou que le sens s'obscurcit. Rimes
très honorables.

Nous ne saurions mieux justifier ce que
nous disons là qu'en vous présentant le
sonnet des

VOYELLES

A noir, E blanc, I rouge, U vert, O bleu, voyelles,
Je dirai quelque jour vos naissances latentes.
A, noir corset velu des mouches éclatantes
Qui bombillent autour des puanteurs cruelles,

Golfes d'ombre ; E, candeur des vapeurs et des tentes,
Lances des glaciers fiers, rois blancs, frissons
[d'ombelles ;

2.

I, pourpres, sang craché, rire des lèvres belles
Dans la colère ou les ivresses pénitentes;

U, cycles, vibrements divins des mers virides,
Paix des pâtis semés d'animaux, paix des rides
Que l'alchimie imprime aux grands fronts studieux

O, suprême Clairon plein de strideurs étranges,
Silences traversés des Mondes et des Anges :
— O l'Oméga, rayon violet de Ses Yeux !

La Muse (tant pis! vivent nos pères!)
la Muse, disons-nous, d'Arthur Rimbaud
prend tous les tons, pince toutes les cordes
de la harpe, gratte toutes celles de la guitare et caresse le rebec d'un archet agile
s'il en fut.

Goguenard et pince-sans-rire, Arthur
Rimbaud l'est, quand cela lui convient,
au premier chef, tout en demeurant le
grand poète que Dieu l'a fait.

A preuve *l'Oraison du soir*, et ces *Assis*
à se mettre à genoux devant !

ORAISON DU SOIR

Je vis assis tel qu'un ange aux mains d'un barbier,
Empoignant une chope à fortes cannelures,

L'hypogastre et le col cambrés, une Gambier
Aux dents, sous l'air gonflé d'impalpables voilures.

Tels que les excréments chauds d'un vieux colombier
Mille rêves en moi font de douces brûlures;
Puis par instants mon cœur triste est comme un aubier
Qu'ensanglante l'or jaune et sombre des coulures.

Puis quand j'ai ravalé mes rêves avec soin,
Je me tourne, ayant bu trente ou quarante chopes,
Et me recueille pour lâcher l'âcre besoin.

Doux comme le Seigneur du cèdre et des hysopes,
Je pisse vers les cieux bruns très haut et très loin,
Avec l'assentiment des grands héliotropes.

Les *Assis* ont une petite histoire qu'il
faudrait peut-être rapporter pour qu'on
les comprît bien.

Arthur Rimbaud, qui faisait alors sa
seconde en qualité d'externe au lycée
de ***, se livrait aux écoles buissonnières
les plus énormes et quand il se sentait —
enfin ! fatigué d'arpenter monts, bois et
plaines nuits et jours, car quel marcheur !
il venait à la bibliothèque de la dite ville
et y demandait des ouvrages malsonnants

aux oreilles du bibliothécaire en chef dont le nom, peu fait pour la postérité, danse au bout de notre plume, mais qu'importe ce nom d'un bonhomme en ce travail malédictin ? L'excellent bureaucrate, que ses fonctions mêmes obligeaient à délivrer à Rimbaud, sur la requête de ce dernier, force Contes Orientaux et libretti de Favart, le tout entremêlé de vagues bouquins scientifiques très anciens et très rares, maugréait de *se lever* pour ce gamin et le renvoyait volontiers, de bouche, à ses peu chères études, à Cicéron, à Horace, et à nous ne savons plus quels Grecs aussi. Le gamin, qui d'ailleurs connaissait et surtout appréciait infiniment mieux ses classiques que ne le faisait le birbe lui-même, finit par « s'irriter », d'où le chef-d'œuvre en question.

LES ASSIS

Noirs de loupes, grêlés, les yeux cerclés de bagues
Vertes, leurs doigts boulus crispés à leurs fémurs,
Le sinciput plaqué de hargnosités vagues
Comme les floraisons lépreuses des vieux murs,

Ils ont greffé dans des amours épileptiques
Leur fantasque ossature aux grands squelettes noirs
De leurs chaises ; leurs pieds aux barreaux rachi-
[tiques
S'entrelacent pour les matins et pour les soirs.

Ces vieillards ont toujours fait tresse avec leurs
[sièges,
Sentant les soleils vifs percaliser leurs peaux,
Ou les yeux à la vitre où se fanent les neiges,
Tremblant du tremblement douloureux des crapauds.

Et les Sièges leur ont des bontés ; culottée
De brun, la paille cède aux angles de leurs reins.
L'âme des vieux soleils s'allume, emmaillotée
Dans ces tresses d'épis où fermentaient les grains.

Et les Assis, genoux aux dents, verts pianistes,
Les dix doigts sous leur siège aux rumeurs de tam-
[bour,
S'écoutent clapoter des barcarolles tristes
Et leurs caboches vont dans des roulis d'amour.

Oh ! ne les faites pas lever ! C'est le naufrage.
Ils surgissent, grondant comme des chats giflés,
Ouvrant lentement leurs omoplates, ô rage !
Tout leur pantalon bouffe à leurs reins boursouflés.

Et vous les écoutez cognant leurs têtes chauves
Aux murs sombres, plaquant et plaquant leurs pieds
[tors,

Et leurs boutons d'habit sont des prunelles fauves
Qui vous accrochent l'œil du fond des corridors.

Puis ils ont une main invisible qui tue ;
Au retour, leur regard filtre ce venin noir
Qui charge l'œil souffrant de la chienne battue,
Et vous suez, pris dans un atroce entonnoir.

Rassis, les poings crispés dans des manchettes sales,
Ils songent à ceux-là qui les ont fait lever,
Et de l'aurore au soir des grappes d'amygdales
Sous leurs mentons chétifs s'agitent à crever.

Quand l'austère sommeil a baissé leurs visières
Ils rêvent sur leurs bras de sièges fécondés,
De vrais petits amours de chaises en lisières
Par lesquelles de fiers bureaux seront bordés.

Des fleurs d'encre, crachant des pollens en virgules,
Les bercent le long des calices accroupis,
Tels qu'au fil des glaïeuls le vol des libellules,
— Et leur membre s'agace à des barbes d'épis !

Nous avons tenu à tout donner de ce poème savamment et froidement outré, jusqu'au dernier vers si logique et d'une hardiesse si heureuse. Le lecteur peut ainsi se rendre compte de la puissance d'ironie, de la verve terrible du poète dont il nous reste à considérer les dons plus élevés, dons suprêmes, magnifique témoignage de l'Intelligence, preuve fière et française, bien française, insistons-y par ces jours de lâche internationalisme, d'une supériorité naturelle et mystique de race et de caste, affirmation sans conteste possible de cette immortelle royauté de l'Esprit, de l'Ame et du Cœur humains : la Grâce et la Force, et la grande Rhétorique niée par nos intéressants, nos subtils, nos pittoresques, mais étroits et plus qu'étroits, étriqués, Naturalistes de 1883 !

La Force, nous en avons eu un spécimen dans les quelques pièces insérées ci-dessus, mais encore y est-elle à ce point revêtue de paradoxe et de redoutable belle humeur qu'elle n'apparaît que déguisée en quelque sorte. Nous la retrouverons dans son intégrité, toute belle et toute pure, à la fin de ce travail. Pour le moment, c'est la Grâce qui nous appelle, une grâce particulière, inconnue certes jusqu'ici, où le bizarre et l'étrange salent et poivrent l'extrême douceur, la simplicité divine de la pensée et du style.

Nous ne connaissons pour notre part dans aucune littérature quelque chose d'un peu farouche et de si tendre, de gentiment caricatural et de si cordial, et de si *bon*, et d'un jet franc, sonore, magistral, comme

LES EFFARÉS

Noirs dans la neige et dans la brume,
Au grand soupirail qui s'allume,
 Leurs culs en rond,
A genoux les petits — misère !
Regardent le boulanger faire
 Le lourd pain blond.

Ils voient le fort bras blanc qui tourne
La pâte grise et qui l'enfourne
 Dans un trou clair.
Ils écoutent le bon pain cuire.
Le boulanger au gros sourire
 Chante un vieil air.

Ils sont blottis, pas un ne bouge,
Au souffle du soupirail rouge
 Chaud comme un sein.
Quand pour quelque médianoche.
Façonné comme une brioche
 On sort le pain,

Quand sous les poutres enfumées
Chantent les croûtes parfumées
          Et les grillons,
Que ce trou chaud souffle la vie,
Ils ont leur âme si ravie
          Sous leurs haillons,

Ils se ressentent si bien vivre,
Les pauvres Jésus pleins de givre,
          Qu'ils sont là tous,
Collant leurs petits museaux roses
Au treillage, grognant des choses
          Entre les trous,

Tout bêtes, faisant leurs prières
Et repliés vers ces lumières
          Du ciel rouvert,
Si fort qu'ils crèvent leur culotte
Et que leur chemise tremblotte
          Au vent d'hiver.

Qu'en dites-vous ? Nous, trouvant dans
un autre art des analogies que l'origina-
lité de ce « petit *cuadro* » nous interdit de
chercher parmi tous poètes possibles,
nous dirions, c'est du Goya pire et meilleur. Goya et Murillo consultés nous don-
neraient raison, sachez-le bien.

Du Goya encore *les Chercheuses de Poux*, cette fois du Goya lumineux exaspéré, blanc sur blanc avec *les effets* roses et bleus et cette touche singulière jusqu'au fantastique. Mais combien supérieur toujours le poète au peintre et par l'émotion haute et par le chant des bonnes rimes !

Soyez témoins :

LES CHERCHEUSES DE POUX

Quand le front de l'enfant, plein de rouges tour-
[mentes,
Implore l'essaim blanc des rêves indistincts,
Il vient près de son lit deux grandes sœurs char-
[mantes
Avec de frêles doigts aux ongles argentins.

Elles assoient l'enfant devant une croisée
Grande ouverte où l'air bleu baigne un fouillis de
[fleurs,
Et dans ses lourds cheveux où tombe la rosée
Promènent leurs doigts fins, terribles et charmeurs.

Il écoute chanter leurs haleines craintives
Qui fleurent de longs miels végétaux et rosés
Et qu'interrompt parfois un sifflement, salives
Reprises sur la lèvre ou désirs de baisers.

Il entend leurs cils noirs battant sous les silences
Parfumés ; et leurs doigts électriques et doux
Font crépiter parmi ses grises indolences
Sous leurs ongles royaux la mort des petits poux.

Voilà que monte en lui le vin de la Paresse,
Soupir d'harmonica qui pourrait délirer ;
L'enfant se sent, selon la lenteur des caresses,
Sourdre et mourir sans cesse un désir de pleurer.

Il n'y a pas jusqu'à l'irrégularité de rime de la dernière stance, il n'y a pas jusqu'à la dernière phrase, restant entre son manque de conjonction et le point final, comme suspendue et surplombante, qui n'ajoutent en légèreté d'esquisse, en *tremblé* de facture au charme frêle du morceau. Et le beau mouvement, le beau balancement lamartinien, n'est-ce pas ? dans ces quelques vers qui semblent se prolonger dans du rêve et de la musique ! Racinien même, oserions-nous ajouter, et pourquoi ne pas aller jusqu'à cette juste confession, virgilien ?

Bien d'autres exemples de grâce exquisement perverse ou chaste à vous ravir en extase nous tentent, mais les limites nor-

males de ce second essai déjà long nous
font une loi de passer outre à tant de délicats miracles et nous entrerons sans plus
de retard dans l'empire de la Force splen-
dide où nous convie le magicien avec son

BATEAU IVRE

Comme je descendais des Fleuves impassibles
Je ne me sentis plus guidé par les haleurs ;
Des Peaux-rouges criards les avaient pris pour cibles,
Les ayant cloués nus aux poteaux de couleurs.

J'étais insoucieux de tous les équipages,
Porteur de blés flamands ou de cotons anglais.
Quand avec mes haleurs ont fini ces tapages
Les Fleuves m'ont laissé descendre où je voulais.

Dans les clapotements furieux des marées,
Moi, l'autre hiver, plus sourd que les cerveaux d'en-
                                        [fants,
Je courus ! Et les Péninsules démarrées,
N'ont pas subi tohu-bohus plus triomphants.

La tempête a béni mes éveils maritimes.
Plus léger qu'un bouchon j'ai dansé sur les flots

Qu'on appelle rouleurs éternels de victimes,
Dix nuits, sans regretter l'œil niais des falots.

Plus douce qu'aux enfants la chair des pommes sures
L'eau verte pénétra ma coque de sapin
Et des taches de vins bleus et des vomissures
Me lava, dispersant gouvernail et grappin.

Et dès lors je me suis baigné dans le poème
De la mer, infusé d'astres et latescent,
Dévorant les azurs verts où, flottaison blême
Et ravie, un noyé pensif parfois descend,

Où, teignant tout à coup les bleuités, délires
Et rhythmes lents sous les rutilements du jour,
Plus fortes que l'alcool, plus vastes que vos lyres,
Fermentent les rousseurs amères de l'amour.

Je sais les cieux crevant en éclairs, et les trombes,
Et les ressacs, et les courants, je sais le soir,
L'aube exaltée ainsi qu'un peuple de colombes,
Et j'ai vu quelquefois ce que l'homme a cru voir.

J'ai vu le soleil bas taché d'horreurs mystiques
Illuminant de longs figements violets,
Pareils à des acteurs de drames très antiques,
Les flots roulant au loin leurs frissons de volets;

3.

J'ai rêvé la nuit verte aux neiges éblouies,
Baisers montant aux yeux des mers avec lenteur,
La circulation des sèves inouies
Et l'éveil jaune et bleu des phosphores chanteurs.

J'ai suivi des mois pleins, pareille aux vacheries
Hystériques, la houle à l'assaut des récifs,
Sans songer que les pieds lumineux des Maries
Pussent forcer le mufle aux Océans poussifs;

J'ai heurté, savez-vous? d'incroyables Florides,
Mêlant aux fleurs des yeux de panthères, aux peaux
D'hommes, des arcs-en-ciel tendus comme des brides,
Sous l'horizon des mers, à de glauques troupeaux;

J'ai vu fermenter les marais énormes, nasses
Où pourrit dans les joncs tout un Léviathan,
Des écroulements d'eaux au milieu des bonaces
Et les lointains vers les gouffres cataractant!

Glaciers, soleils d'argent, flots nacreux, cieux de
[braises,
Échouages hideux au fond des golfes bruns
Où les serpents géants dévorés des punaises
Choient des arbres tordus avec de noirs parfums.

J'aurais voulu montrer aux enfants ces dorades
Du flot bleu, ces poissons d'or, ces poissons chan-
[tants.

Des écumes de fleurs ont béni mes dérades
Et d'ineffables vents m'ont ailé par instants.

Parfois, martyr lassé des pôles et des zones,
La mer dont le sanglot faisait mon roulis doux
Montait vers moi ses fleurs d'ombre aux ventouses
                                        [jaunes
Et je restais ainsi qu'une femme à genoux,   .

Presqu'île ballottant sur mes bords les querelles
Et les fientes d'oiseaux clabaudeurs aux yeux blonds,
Et je voguais lorsqu'à travers mes liens frêles
Des noyés descendaient dormir à reculons.

Or moi, bateau perdu sous les cheveux des anses,
Jeté par l'ouragan dans l'éther sans oiseau,
Moi dont les Monitors et les voiliers des Hanses
N'auraient pas repêché la carcasse ivre d'eau,

Libre, fumant, monté de brumes violettes,
Moi qui trouais le ciel rougeoyant comme un mur
Qui porte, confiture exquise aux bons poètes,
Des lichens de soleil et des morves d'azur,

Qui courais taché de lunules électriques,
Planche folle, escorté des hippocampes noirs,
Quand les Juillets faisaient crouler à coups de triques
Les cieux ultramarins aux ardents entonnoirs,

Moi qui tremblais, sentant geindre à cinquante lieues
Le rut des Béhémots et des Maelstroms épais,
Fileur éternel des immobilités bleues,
Je regrette l'Europe aux anciens parapets.

J'ai vu des archipels sidéraux ! Et des îles
Dont les cieux délirants sont ouverts au vogueur :
—Est-ce en ces nuits sans fond que tu dors et t'exiles,
Million d'oiseaux d'or, ô future Vigueur ?

Mais, vrai, j'ai trop pleuré! Les aubes sont navrantes,
Toute lune est atroce et tout soleil amer.
L'âcre amour m'a gonflé de torpeurs enivrantes.
O que ma quille éclate! O que j'aille à la mer !

Si je désire une eau d'Europe, c'est la flache
Noire et froide où, vers le crépuscule embaumé,
Un enfant accroupi, plein de tristesses, lâche
Un bateau frêle comme un papillon de mai.

Je ne puis plus, baigné de vos langueurs, ô lames,
Enlever leur sillage aux porteurs de cotons,
Ni traverser l'orgueil des drapeaux et des flammes,
Ni nager sous les yeux horribles des pontons !

Maintenant quel avis formuler sur les
Premières Communions, poème trop long

pour prendre place ici, surtout après nos
excès de citations, et dont d'ailleurs nous
détestons bien haut l'esprit, qui nous paraî
dériver d'une rencontre malheureuse avec
le Michelet sénile et impie, le Michelet de
dessous les linges sales de femmes et de
derrière Parny (l'autre Michelet, nul plus
que nous ne l'adore), oui, quel avis émettre
sur ce morceau colossal, sinon que nous
en aimons la profonde ordonnance et tous
les vers sans exception ? Il y en a d'ainsi :

Adonaï ! Dans les terminaisons latines
Des cieux moirés de vert baignent les Fronts ver-
                                    [meils
Et, tachés du sang pur des célestes poitrines.
De grands linges neigeux tombent sur les soleils.

Paris se repeuple, écrit au lendemain
de la « Semaine sanglante, » fourmille de
beautés.

. . . .
Cachez les palais morts dans des niches de planches :
L'ancien jour effaré rafraîchit vos regards ;
Voici le troupeau roux des tordeuses de hanches !

. . . .

Quand tes pieds ont dansé si fort dans les colères,
Paris ! quand tu reçus tant de coups de couteau,
Quand tu gis, retenant dans tes prunelles claires
Un peu de la bonté du fauve renouveau.

. . . .

Dans cet ordre d'idées, les *Veilleurs*,
poème qui n'est plus, hélas ! en notre pos-
session, et que notre mémoire ne saurait
reconstituer, nous ont laissé l'impression
la plus forte que jamais vers nous aient
causée. C'est d'une vibration, d'une lar-
geur, d'une tristesse sacrée ! Et d'un tel
accent de sublime désolation, qu'en vérité
nous osons croire que c'est ce qu'Arthur
Rimbaud a écrit de plus beau, de beaucoup !

Maintes autres pièces de premier ordre
nous ont ainsi passé par les mains, qu'un
hasard malveillant et le tourbillon de
voyages passablement accidentés nous
firent perdre. Aussi adjurons-nous ici
tous nos amis connus ou inconnus qui
possèderaient *les Veilleurs, Accroupisse-
ments, les Pauvres à l'église, les Réveil-
leurs de la nuit, Douaniers, Les mains de
Jeanne-Marie, Sœur de charité* et toutes

choses signées du nom prestigieux, de bien
vouloir nous les faire parvenir pour le cas
probable où le présent travail dût se voir
complété. Au nom de l'honneur des Lettres,
nous leur réitérons notre prière. Les
manuscrits seront religieusement rendus,
dès copie prise, à leurs généreux proprié-
taires.

Il est temps de songer à terminer ceci qui
a pris de telles proportions pour ces raisons
excellentes :

Le nom et l'œuvre de Corbière, ceux de
Mallarmé sont assurés pour la suite des
temps; les uns retentiront sur la lèvre des
hommes, les autres dans toutes les mé-
moires dignes d'eux. Corbière et Mallarmé
ont imprimé, — cette petite chose immense.
Rimbaud trop dédaigneux, plus dédaigneux même que Corbière qui du moins a
jeté son volume au nez du siècle, n'a rien
voulu faire paraître en fait de vers.

Une seule pièce, d'ailleurs sinon reniée
ou désavouée par lui, a été insérée *à son
insu,* et ce fut bien fait, dans la première
année de la *Renaissance,* vers 1873. Cela
s'appelait *les Corbeaux.* Les curieux pour-

ront se régaler de cette chose patriotique
mais patriotique bien, et que nous goûtons
fort quant à nous , mais ce n'est pas encore
ça. Nous sommes fier d'offrir à nos contemporains intelligents bonne part de ce riche
gâteau, du Rimbaud !

Eussions-nous consulté Rimbaud (dont
nous ignorons l'adresse, aussi bien vague
immensément) il nous aurait, c'est probable, déconseillé d'entreprendre ce travail
pour ce qui le concerne.

Ainsi, maudit par lui-même, ce Poète
Maudit ! Mais l'amitié, la dévotion litté-
raires que nous lui vouerons toujours nous
ont dicté ces lignes, nous ont fait indiscret.
Tant pis pour lui ! Tant mieux, n'est-ce
pas ? pour vous. Tout ne sera pas perdu
du trésor oublié par ce plus qu'insouciant
possesseur, et si c'est un crime que nous
commettons, *felix culpa*, alors !

Après quelque séjour à Paris, puis diverses pérégrinations plus ou moins effrayantes, Rimbaud vira de bord et travail-
la (lui !) dans le naïf, le très et l'exprès trop
simple, n'usant plus que d'assonances, de
mots vagues, de phrases enfantines ou po-

pulaires. Il accomplit ainsi des prodiges de
ténuité, de flou vrai, de charmant presque
inappréciable à force d'être grêle et fluet.

> Elle est retrouvée !
> Quoi ? l'éternité.
> C'est la mer allée
> Avec les soleils.
>
> . . . . . .

Mais le poète disparaissait. — Nous entendons parler du poète *correct* dans le sens
un peu spécial du mot.

Un prosateur étonnant s'ensuivit. Un
manuscrit dont le titre nous échappe et
qui contenait d'étranges mysticités et les
plus aigus aperçus psychologiques tomba
dans des mains qui l'égarèrent sans bien
savoir ce qu'elles faisaient.

Une Saison en Enfer, parue à Bruxelles,
1873, chez Poot et Cie, 37 rue aux Choux,
sombra corps et biens dans un oubli mons-
trueux, l'auteur ne l'ayant pas « lancée »
du tout. Il avait bien autre chose à faire.

Il courut tous les Continents, tous les
Océans, pauvrement, fièrement (riche d'ailleurs, s'il l'eût voulu, de famille et de posi-

4

tion) après avoir écrit, en prose encore, une série de superbes fragments, *les Illuminations*, à tout jamais perdus, nous le craignons bien [1].

Il disait dans sa *Saison en Enfer :* « Ma journée est faite. Je quitte l'Europe. L'air marin brûlera mes poumons, les climats perdus me tanneront. »

Tout cela est très bien et l'homme a tenu parole. L'homme en Rimbaud est libre, cela est trop clair et nous le lui avons concédé en commençant, avec une réserve bien légitime que nous allons accentuer pour conclure. Mais n'avons-nous pas eu raison, nous fou du poète, de le prendre, cet aigle, et de le tenir dans cette cage-ci, sous cette étiquette-ci, et ne pourrions-nous point par surcroît et surérogation (si la Littérature devait voir se consommer une telle perte) nous écrier avec Corbière, son frère aîné, non pas

1. Les *Illuminations* ont été retrouvées ainsi que quelques poèmes. Une œuvre complète ne peut que paraître plus tard, avec une curieuse notice anecdotique et de nombreux portraits, en une édition de grandluxe.

son grand-frère, ironiquement? Non. Mé-
lancoliquement? O oui! Furieusement? Ah
qu'oui!

> Elle est éteinte
> Cette huile sainte,
> Il est éteint
> Le sacristain[1] !

1. Des jeunes gens, dans un but qui leur paraît
inoffensif, publient de temps en temps des vers
sous la signature Arthur Rimbaud. Il est bon de
savoir que les seuls vers authentiques de Rimbaud sont, avec ceux cités ci-dessus, *Premières
Communions* parues dans une revue morte depuis. Notre vieille amitié nous fait un devoir impérieux d'écrire cette note.

III

STÉPHANE MALLARMÉ

Dans un livre qui ne paraîtra pas nous écrivions naguère, à propos du *Parnasse Contemporain* et de ses principaux rédacteurs : « Un autre poète et non le moindre d'entre eux, se rattachait à ce groupe.

« Il vivait alors en province d'un emploi de professeur d'anglais, mais correspondait fréquemment avec Paris. Il fournit au Parnasse des vers d'une nouveauté qui fit scandale dans les journaux. Préoccupé, certes! de la beauté, il considérait la clarté comme une grâce secondaire, et pourvu que son vers fût nombreux, musical, rare, et, quand il le fallait, languide ou excessif, il se moquait de tout pour plaire aux délicats, dont il était, lui, le plus difficile. Aussi, comme il fut mal ac-

4.

cueilli par la *Critique*, ce pur poète qui res-
tera tant qu'il y aura une langue française
pour témoigner de son effort gigantesque !
Comme on dauba sur son « extravagance
un peu voulue », ainsi que s'exprimait « un
peu » trop indolemment un maître fatigué qui l'eût mieux défendu peut-être au
temps qu'il était le lion aussi bien endenté
que violemment chevelu du romantisme !
Dans les feuilles plaisantes, « au sein » des
Revues graves, partout ou presque, il devint à la mode de rire, de rappeler à la
langue l'écrivain accompli, au sentiment
du beau le sûr artiste. Parmi les plus in-
fluents, des sots traitèrent l'homme de
fou ! Symptôme honorable encore, des
écrivains dignes du nom firent la con-
cession de se mêler à cette publicité
incompétente ; on vit « en demeurer stupi-
des » des gens d'esprit et de goût fiers, des
maîtres de l'audace juste et du grand bon
sens, M. Barbey d'Aurevilly, hélas ! Agacé
par l'Im-pas-si-bi-li-té toute théorique des
Parnassiens (il fallait bien LE mot d'ordre
en face du Débraillé à combattre), ce ro-
mancier merveilleux, ce polémiste unique,

cet essayste de génie, le premier sans conteste d'entre nos prosateurs admis, publia contre le Parnasse dans le *Noin Jaune* une série d'articles où l'esprit le plus enragé ne le cédait qu'à la cruauté la plus exquise ; le « médaillonnet » consacré à Mallarmé fut particulièrement joli, mais d'une injustice qui révolta chacun d'entre nous pirement que toutes blessures personnelles. Qu'importèrent d'ailleurs, qu'importent encore ces torts de l'Opinion à Stéphane Mallarmé et à ceux qui l'aiment comme il faut l'aimer (ou le détester) — immensément! » (*Voyage en France par un Français : Le Parnasse contemporain*).

Rien à changer de cette appréciation d'il y a six ans à peine du reste, et qui pourrait être datée du jour où nous lûmes pour la première fois des vers de Mallarmé.

Depuis ce temps-là le poète a pu augmenter sa manière, faire davantage ce qu'il voulait, — il est resté le même, non pas stationnaire, grand Dieu! mais mieux éclatant de la lumière primitive graduée d'aube en midi et en après-midi, normalement.

C'est pourquoi nous voulons, évitant de

plus fatiguer pour le moment notre petit
public de notre prose, lui mettre sous les
yeux un sonnet et une terza rima anciens, et
inconnus, croyons-nous, qui le conquerront
du coup à notre cher poète et cher ami dans
le début de son talent s'essayant sur tous
les tons d'un instrument incomparable.

PLACET

J'ai longtemps rêvé d'être, ô Duchesse, l'Hébé
Qui rit sur votre tasse au baiser de tes lèvres.
Mais je suis un poète, un peu moins qu'un abbé,
Et n'ai point jusqu'ici figuré sur le Sèvres.

Puisque je ne suis pas ton bichon embarbé,
Ni tes bonbons, ni ton carmin, ni les jeux mièvres,
Et que sur moi pourtant ton regard est tombé,
Blonde dont les coiffeurs divins sont des orfèvres,

Nommez-nous... vous de qui les souris framboisés
Sont un troupeau poudré d'agneaux apprivoisés
Qui vont broutant les cœurs et bêlant aux délires,

Nommez-nous... et Boucher sur un rose éventail
Me peindra flûte aux mains endormant ce bercail,
Duchesse, nommez-moi berger de vos sourires.

    (1862)

Hein, la fleur de serre sans prix ! Cueil-
lie, de quelle jolie sorte ! de la main si
forte du maître ouvrier qui forgeait

LE GUIGNON

Au dessus du bétail écœurant des humains
Bondissaient par instants les sauvages crinières
Des mendieurs d'azur perdus dans nos chemins.

Un vent mêlé de cendre effarait leurs bannières
Où passe le divin gonflement de la mer
Et creusait autour d'eux de sanglantes ornières.

La tête dans l'orage ils défiaient l'Enfer,
Ils voyageaient sans pains, sans bâtons et sans urnes,
Mordant au citron d'or de l'Idéal amer.

La plupart ont râlé dans des ravins nocturnes,
S'enivrant du plaisir de voir couler son sang.
La mort fut un baiser sur ces fronts taciturnes.

S'ils sont vaincus, c'est par un ange très puissant
Qui rougit l'horizon des éclairs de son glaive.
L'orgueil fait éclater leur cœur reconnaissant.

Ils tettent la Douleur comme ils tétaient le Rêve
Et quand ils vont rhythmant leurs pleurs voluptueux
Le peuple s'agenouille et leur mère se lève.

Ceux-là sont consolés étant majestueux.
Mais ils ont sous les pieds des frères qu'on bafoue,
Dérisoires martyrs d'un hasard tortueux.

Des pleurs aussi salés rongent leur pâle joue,
Ils mangent de la cendre avec le même amour;
Mais vulgaire ou burlesque est le sort qui les roue.

Ils pouvaient faire aussi sonner comme un tambour
La servile pitié des races à l'œil terne,
Égaux de Prométhée à qui manque un vautour !

Non. Vieux et fréquentant les déserts sans citerne,
Ils marchent sous le fouet d'un squelette rageur,
Le GUIGNON, dont le rire édenté les prosterne.

S'ils vont, il grimpe en croupe et se fait voyageur,
Puis, le torrent franchi, les plonge en une mare
Et fait un fou crotté du superbe nageur.

Grâce à lui, si l'un chante en son buccin bizarre,
Des enfants nous tordront en un rire obstiné,
Qui, soufflant dans leurs mains, singeront sa fanfare.

Grâce à lui, s'ils s'en vont tenter un sein fané
Avec des fleurs par qui l'impureté s'allume,
Des limaces naîtront sur leur bouquet damné.

Et ce squelette nain coiffé d'un feutre à plume
Et botté, dont l'aisselle a pour poils de longs vers,
Est pour eux l'infini de l'humaine amertume,

Et si, rossés, ils ont provoqué le pervers,
Leur rapière en grinçant suit le rayon de lune
Qui neige en sa carcasse et qui passe au travers.

Malheureux sans l'orgueil d'une austère infortune,
Dédaigneux de venger leurs os de coups de bec,
Ils convoitent la haine et n'ont que la rancune.

Ils sont l'amusement des racleurs de rebec,
Des femmes, des enfants et de la vieille engeance
Des loqueteux dansant quand le broc est à sec.

Les poètes savants leur prêchent la vengeance,
Et ne sachant leur mal, et les voyant brisés,
Les disent impuissants et sans intelligence.

« Ils peuvent, sans quêter quelques soupirs gueusés,
« Comme un buffle se cabre aspirant la tempête,
« Savourer à présent leurs maux éternisés :

« Nous soûlerons d'encens les Forts qui tiennent tête
« Aux fauves séraphins du Mal ! Ces baladins
« N'ont pas mis d'habit rouge et veulent qu'on s'ar-
                                              rête ! »

Quand chacun a sur eux craché tous ses dédains,
Nus, ensoiffés de grand et priant le tonnerre,
Ces Hamlet abreuvés de malaises badins

Vont ridiculement se pendre au réverbère.

A la même époque environ, mais évidemment un peu plus tard que plus tôt doivent remonter l'exquise

APPARITION

La lune s'attristait. Des séraphins en pleurs,
Rêvant, l'archet aux doigts, dans le calme des fleurs
Vaporeuses, tiraient de mourantes violes
De blancs sanglots glissant sur l'azur des corolles.
— C'était le jour béni de ton premier baiser.
Ma songerie aimant à me martyriser
S'enivrait savamment du parfum de tristesse
Que même sans regret et sans déboire laisse
La cueillaison d'un Rêve au cœur qui l'a cueilli.
J'errais donc, l'œil rivé sur le pavé vieilli,
Quand, avec du soleil aux cheveux, dans la rue
Et dans le soir, tu m'es en riant apparue,
Et j'ai cru voir la fée au chapeau de clarté
Qui jadis sur mes beaux sommeils d'enfant gâté
Passait, laissant toujours de ses mains mal fermées
Neiger de blancs bouquets d'étoiles parfumées.

et la moins vénérable encore qu'adorable

SAINTE

A la fenêtre recélant
Le santal vieux qui se dédore

De sa viole étincelant
Jadis avec flûte ou mandore

Est la Sainte pâle, étalant
Le livre vieux qui se déplie
Du Magnificat ruisselant
Jadis selon vêpre et complie :

· A ce vitrage d'ostensoir
Que frôle une harpe par l'Ange
Formée avec son vol du soir
Pour la délicate phalange

Du doigt, que, sans le vieux santal
Ni le vieux livre, elle balance
Sur le plumage instrumental,
Musicienne du silence.

Ces poèmes absolument inédits nous
conduisent à ce que nous appellerons l'ère
de publicité de Mallarmé. De trop peu
nombreuses pièces d'une couleur et d'une
musique dès lors très essentielles parurent
dans le premier et le second *Parnasses
Contemporains* où l'admiration peut les
retrouver à son aise. *Les Fenêtres, le
Sonneur, Automne,* le fragment assez
long d'une *Hérodiade* nous semblent être
les suprêmes entre ces choses suprêmes,

mais nous ne nous attarderons pas à citer
de l'imprimé loin d'être obscur comme du
manuscrit, ainsi qu'il est arrivé — comment? sinon par LA MALÉDICTION
qu'il a méritée, mais pas plus héroïque-
ment que les vers de Rimbaud et de Mallarmé — à ce vertigineux livre des *Amours
Jaunes* de ce stupéfiant Corbière : nous
préférons vous procurer la joie de lire ce
nouvel et précieux inédit se rapportant,
suivant nous, à la période intermédiaire
en question.

DON DU POÈME

Je t'apporte l'enfant d'une nuit d'Idumée!
Noire, à l'aile saignante et pâle, déplumée,
Par le verre brûlé d'aromates et d'or,
Par les carreaux glacés, hélas! mornes encor,
L'aurore se jeta sur la lampe angélique,
Palmes! et quand elle a montré cette relique
A ce père essayant un sourire ennemi,
La solitude bleue et stérile a frémi.
O la berceuse avec ta fille et l'innocence
De vos pieds froids, accueille une horrible naissance.
Et ta voix rappelant viole et clavecin,
Avec le doigt fané presseras-tu le sein
Par qui coule en blancheur sybilline la femme
Pour des lèvres que l'air du vierge azur affame?

— A vrai dire cette idylle fut méchamment (et méchamment !) imprimée sur la fin du dernier règne par un journal *hebdomadaire* fort ennuyeux, *le Courrier du Dimanche*. Mais que pouvait signifier cette hargneuse contre-réclame, puisque pour tous bons esprits le *Don du Poème*, accusé d'excentricité alambiquée, se trouve être la sublime dédicace par un poète précellent à la moitié de son âme, de quelqu'un de ces *horribles* efforts qu'on aime pourtant tout en essayant de ne les pas aimer et pour qui l'on rêve toute protection, fût-ce contre soi-même !

Le *Courrier du Dimanche* était républicain libéral et protestant, mais républicain de tout bonnet ou monarchiste de tout écu, ou indifférent à n'importe quoi de la *vie publique, n'est-il pas vrai qu'et nunc et semper et in secula* le poète sincère se voit, se sent, se sait *maudit* par le régime de chaque intérêt, ô Stello ?

Le sourcil du poète se fronce sur le public, mais son œil se dilate et son cœur se raffermit sans se fermer, et c'est ainsi qu'il prélude à son définitif choix d'être :

CETTE NUIT

Quand l'ombre menaça de la fatale loi
Tel vieux Rêve, désir et mal de mes vertèbres,
Affligé de périr sous les plafonds funèbres
Il a ployé son aile indubitable en moi.

Luxe, ô salle d'ébène où, pour séduire un roi,
Se tordent dans leur mort des guirlandes célèbres,
Vous n'êtes qu'un orgueil menti par les ténèbres
Aux yeux du solitaire ébloui de sa foi.

Oui, je sais qu'au lointain de cette nuit, la Terre
Jette d'un grand éclat l'insolite mystère
Pour les siècles hideux qui l'obscurcissent moins.

L'espace à soi pareil qu'il s'accroisse ou se nie
Roule dans cet ennui des feux vils pour témoins
Que s'est d'un astre en fête allumé le génie.

Quant à ce sonnet, *le Tombeau d'Edgar
Poe*, si beau qu'il nous paraît faible de ne
l'honorer que d'une sorte d'horreur pa-
nique,

LE TOMBEAU D'EDGAR POE

Tel qu'en Lui-même enfin l'éternité le change,
Le Poète suscite avec un glaive nu

Son siècle épouvanté de n'avoir pas connu
Que la mort triomphait dans cette voix étrange !

Eux, comme un vil sursaut d'hydre oyant jadis l'Ange
Donner un sens trop pur aux mots de la tribu,
Proclamèrent très haut le sortilège bu
Dans le flot sans honneur de quelque noir mélange.

Du sol et de la nue hostiles, ô grief !
Si notre idée avec ne sculpte un bas-relief
Dont la tombe de Poe éblouissante s'orne,

Calme bloc ici-bas chu d'un désastre obscur,
Que ce granit du moins montre à jamais sa borne
Aux noirs vols du Blasphème épars dans le futur.

ne devons-nous point terminer par lui ?
Ne concrète-t-il point l'abstraction forcée
de notre titre ? N'est-ce-point, en termes
sybillins plutôt encore que lapidaires, le
seul mot à dire en ce sujet terrible, au ris-
que d'être nous aussi *maudit*, ô gloire !
avec Ceux-ci ?

Et de fait nous nous y tiendrons, à cette
dernière citation qui est la bonne en
l'espèce non moins qu'intrinsèquement.

Il nous reste, nous le savons, à complé-
ter l'étude entreprise sur Mallarmé et son
œuvre ! Quel plaisir ce va nous être, si bref
qu'il nous faille faire ce devoir !

5.

Tout le monde (digne de le savoir) sait que Mallarmé a publié en de splendides éditions *l'Après-midi d'un Faune*, brûlante fantaisie où le Shakespeare d'*Adonis* aurait mis le feu au Théocrite des plus fougueuses églogues, — et le *Toast funèbre à Théophile Gautier*, très noble pleur sur un très bon ouvrier. Ces poèmes se trouvant dans la publicité, il nous semble inutile d'en rien citer. Inutile et impie. Ce serait tout en démolir, tant le Mallarmé définitif est un. Coupez donc un sein à une femme belle !

Tout le monde (dont il a été question) connaît également les belles études linguistiques de Mallarmé, ses *Dieux de la Grèce* et ses admirables traductions d'Edgar Poe, précisément.

Mallarmé travaille à un livre dont la profondeur étonnera non moins que sa splendeur éblouira tous sauf les seuls aveugles. Mais quand donc enfin, cher ami ?

Arrêtons-nous : l'éloge, comme les déluges, s'arrête à certains sommets.

IV

MARCELINE
DESBORDES-VALMORE

En dépit en effet d'articles, l'un très
complet de ce merveilleux Sainte-Beuve,
l'autre peut-être, oserons-nous le dire ? un
peu court de Baudelaire, en dépit même
d'une sorte de bonne opinion publique qui
ne l'assimile pas tout-à-fait à de vagues
Louise Collet, Amable Tastu, Anaïs Sé-
galas et autres bas-bleus sans importance,
(nous oubliions Loïsa Puget, d'ailleurs,
elle, amusante, paraît-il, pour ceux qui
aiment cette note-là), Marceline Desbordes-Valmore est digne par son obscurité
apparente mais absolue, de figurer parmi
nos *Poètes maudits*, et ce nous est, dès

lors, un devoir impérieux de parler d'elle
le plus au long et le plus en détail possible.

M. Barbey d'Aurevilly la sortait jadis du
rang et signalait, avec cette compétence
bizarre qu'il a, sa bizarrerie à elle et la
compétence vraie bien que féminine qu'elle
eut.

Quant à nous, si curieux de bons ou beaux
vers pourtant, nous l'ignorions, nous con-
tentant de la parole des maîtres, quand
précisément Arthur Rimbaud nous connut
et nous força presque de lire *tout* ce que
nous pensions être un fatras avec des
beautés dedans.

Notre étonnement fut grand et demande
quelque temps pour être expliqué.

D'abord Marceline Desbordes-Valmore
était du Nord et non du Midi, nuance plus
nuance qu'on ne le pense. Du Nord cru,
du Nord, bien (le Midi, toujours cuit, est
toujours mieux, mais ce mieux-là surtout
pourrait sans doute être l'ennemi du bien
vrai), — et ce nous plut à nous du Nord
cru aussi, — à la fin !

Puis, nulle cuistrerie avec une langue
suffisante et de l'effort assez pour ne se

montrer qu'intéressamment. Des citations
feront foi de ce que nous appellerions notre
·sagacité.

En les attendant ne pouvons-nous pas
revenir sur l'absence totale du Midi dans
cette œuvre relativement considérable?
et pourtant combien ardemment compris
son Nord espagnol, (mais l'Espagne n'a-
t-elle pas un flegme, une morgue, plus
froids que même tout britannisme ?), son
Nord

Où vinrent s'asseoir les ferventes Espagnes.

Oui, rien de l'emphase, rien du *toc*, rien
de la mauvaise foi qu'il faut déplorer chez
les œuvres les plus incontestables d'outre-
Loire. Et cependant comme c'est chaud,
ces romances dela jeunesse, ces souvenirs
de l'âge de femme, ces tremblements ma-
ternels! Et doux et sincère, et tout! Quels
paysages, quel amour des paysages! Et
cette passion si chaste, si discrète, si forte
et émouvante néanmoins!

Nous avons dit que la langue de Marceline Desbordes-Valmore était suffisante,
c'est très suffisante qu'il fallait dire; seu-

lement nous sommes d'un tel purisme,
d'un tel pédantisme, ajouterons-nous, puisque l'on nous en appelle un décadent,
(*injure*, entre parenthèses, pittoresque,
très automne, bien soleil couchant, à ra-
masser en somme) que certaines naïvetés,
d'aucunes ingénuités de style pourraient
heurter parfois nos préjugés d'écrivain
visant à l'impeccable. La vérité de notre
rectification éclatera dans le cours des citations que nous allons prodiguer.

Mais la passion chaste mais forte que
nous signalions, mais l'émotion presque
excessive que nous exaltions, c'est le cas de
le dire, sans excès alors, non! après une
lecture douloureuse à force d'être conscien-
cieuse de nos premiers paragraphes, nous
maintenons leur opinion sur elle.

Et la preuve je la treuve :

UNE LETTRE DE FEMME

Les femmes, je le sais, ne doivent pas écrire;
        J'écris pourtant
Afin que dans mon cœur au loin tu puisses lire,
        Comme en partant.

Je ne tracerai rien qui ne soit dans toi-même
          Beaucoup plus beau,
Mais le mot cent fois dit, venant de ce qu'on aime,
          Semble nouveau.

Qu'il te porte au bonheur ! moi, je reste à l'attendre,
          Bien que, là-bas,
Je sens que je m'en vais pour voir et pour entendre
          Errer tes pas.

Ne te détourne pas s'il passe une hirondelle
          Par le chemin,
Car je crois que c'est moi qui passerai fidèle
          Toucher ta main.

Tu t'en vas : tout s'en va ! tout se met en voyage,
          Lumière et fleurs ;
Le bel été te suit, me laissant à l'orage,
          Lourde de pleurs.

Mais si l'on ne vit plus que d'espoir et d'alarmes
          Cessant de voir,
Partageons pour le mieux : moi je retiens les larmes
          Garde l'espoir.

Non, je ne voudrais pas, tant je te suis unie,
          Te voir souffrir :
Souhaiter la douleur à sa moitié bénie,
          C'est se haïr.

Est-ce divin ? mais attendez.

JOUR D'ORIENT

Ce fut un jour, pareil à ce beau jour,
Que, pour tout perdre, incendiait l'amour.
C'était un jour de charité divine
Où dans l'air bleu l'éternité chemine,
Où, dérobée à son poids étouffant,
La terre joue et redevient enfant.
C'était, partout, comme un baiser de mère ;
Long rêve errant dans une heure éphémère,
Heure d'oiseaux, de parfums, de soleil,
D'oubli de tout... hors du bien sans pareil !
. . . .
Ce fut un jour, pareil à ce beau jour,
Que pour tout perdre incendiait l'amour.

Il faut nous restreindre, et réserver des citations d'un autre ordre.

Et, avant de passer à l'examen de sublimités plus sévères, s'il est permis d'ainsi parler d'une partie de l'œuvre de cette adorablement douce femme, laissez-nous, les larmes littéralement aux yeux, vous réciter de la plume ceci :

RENONCEMENT

Pardonnez-moi, Seigneur, mon visage attristé...
Mais, sous le front joyeux, vous aviez mis les larmes :
Et de vos dons, Seigneur, ce don seul m'est resté.

C'est le moins envié ; c'est le meilleur, peut-être.
Je n'ai plus à mourir à mes liens de fleurs.
Ils vous sont tous rendus, cher auteur de mon être,
Et je n'ai plus à moi que le sel de mes pleurs...

Les fleurs sont pour l'enfant, le sel est pour la femme:
Faites-en l'innocence et trempez-y mes jours.
Seigneur, quand tout ce sel aura lavé mon âme,
Vous me rendrez un cœur pour vous aimer toujours.

Tous mes étonnements sont finis sur la terre,
Tous mes adieux sont faits, l'ame est prête à jaillir
Pour atteindre à ses fruits protégés de mystère
Que la pudique mort a seule osé cueillir.

O Sauveur ! Soyez tendre au moins à d'autres mères
Par amour pour la nôtre et par pitié pour nous.
Baptisez leurs enfants de nos larmes amères
Et relevez les miens tombés à vos genoux.

Comme cette tristesse surpasse celle
d'*Olympio* et d'*à Olympio*, quelque beaux
(le dernier surtout) que soient ces deux

poèmes orgueilleux! Mais, rares lecteurs,
pardonnez-nous, sur le seuil d'autres sanc-
tuaires de cette église aux cent chapelles,
l'œuvre de Marceline Desbordes-Valmore,
— de chanter avec vous après nous :

Que mon nom ne soit rien qu'une ombre douce et
[vaine,
Qu'il ne cause jamais ni l'effroi ni la peine,
Qu'un indigent l'emporte après m'avoir parlé
Et le garde longtemps dans son cœur consolé !

Vous nous avez pardonné ?

Et maintenant, passons à la mère, à la
fille, à la jeune fille, à l'inquiète, mais si
sincère chrétienne, que fut le poète Marceline Desbordes-Valmore.

*
* *

Nous avons dit que nous essaierions de parler du poète sous tous ses aspects.

Procédons par ordre, et, nous sommes sûr que vous en serez content, par le plus d'exemples possibles. Aussi voici d'abusivement longs spécimens d'abord de la jeune fille romantique dès 1820 et d'un Parny mieux, dans une forme à peine différente, tout en demeurant singulièrement originale:

L'INQUIÉTUDE

Qu'est-ce donc qui me trouble?Et qu'est-ce qui m'at-
[tend ?
Je suis triste à la ville et m'ennuie au village ;
       Les plaisirs de mon âge
Ne peuvent me sauver de la longueur du temps.

Autrefois, l'amitié, les charmes de l'étude
Remplissaient sans effort mes paisibles loisirs.
Oh ! quel est donc l'objet de mes vagues désirs ?
Je l'ignore et le cherche avec inquiétude.
Si, pour moi, le bonheur n'était pas la gaîté,
Je ne le trouve plus dans la mélancolie;
Mais si je crains les pleurs autant que la folie,
    Où trouver la félicité?

. . . .

Elle s'adresse ensuite à sa « Raison »,
l'adjurant et l'abjurant ensemble, si gentiment! Du reste nous admirons pour
notre part ce monologue à la Corneille
qui serait plus tendre que du Racine mais
digne et fier comme le style des deux grands
poètes avec un tout autre tour.

Entre mille gentillesses un peu mièvres,
jamais fades et toujours étonnantes, nous
vous prions d'admettre dans cette rapide
promenade quelques vers isolés exprès
pour vous tenter vers l'ensemble :

. . . .

Cache-moi ton regard plein d'âme et de tristesse.

. . . .

. . . .

On ressemble au plaisir sous un chapeau de fleurs

. . . .

. . . .

Inexplicable cœur, énigme pour toi-même...

. . . .

Dans ma sécurité tu ne vois qu'un délire.

. . . .

. . . . . . Trop faible esclave, écoute,

Écoute et ma raison te pardonne et t'absout.

Rends-lui du moins les pleurs ! Tu vas céder sans
                                    [doute ?

Hélas non ! toujours non ! O mon cœur, prends donc
                                    [tout !

Quant à *la Prière perdue*, pièce dont
font partie ces derniers vers, nous faisons
amende honorable à propos de notre mot
trop répété de gentillesse d'il n'y a qu'un
instant. Avec Marceline Desbordes-Valmore, on ne sait parfois ce que l'on doit
dire ou retenir, tant vous trouble délicieu-
sement ce génie, enchanteur lui-même en-
chanté !

Si quelque chose est de la passion bien
exprimée autant que par les meilleurs
élégiaques, c'est bien ceci, ou nous ne
voulons plus nous y connaître.

Et les amitiés si pures en même temps

que les amours si chastes de cette femme
tendre et hautaine, qu'en dire suffi-
samment sinon de conseiller de lire tout
son œuvre ? Écoutez encore ces deux trop
petits fragments :

LES DEUX AMOURS

C'était l'amour plus folâtre que tendre ;
D'un trait sans force il effleura mon cœur ;
Il fut léger comme un riant mensonge.
. . . .
Il offrit le plaisir sans parler de bonheur.
. . . .
C'est dans tes yeux que je vis l'autre amour.
. . . .
Cet entier oubli de soi-même,
Ce besoin d'aimer pour aimer
Et que le mot aimer semble à peine exprimer
Ton cœur seul le renferme et le mien le devine.
Je sens à tes transports, à ma fidélité,
Qu'il veut dire à la fois bonheur, éternité,
Et que sa puissance est divine.

LES DEUX AMITIÉS

Il est deux amitiés comme il est deux amours ;
L'une ressemble à l'imprudence :
C'est un enfant qui rit toujours.

Et tout le charme décrit divinement
d'une amitié de petites filles,

. . . .

Puis... L'autre amitié plus grave, plus austère,
Se donne avec lenteur, choisit avec mystère.
. . . .
Elle écarte les fleurs de peur de s'y blesser.
. . . .
Elle voit par ses yeux et marche sur ses pas.
Elle attend et ne prévient pas.

Voici déjà la note grave.

.*.
* *

Hélas, que ne pouvons-nous ne pas nous borner, au moment de finir cette étude. Que de merveilles locales et cordiales ! quels paysages arrageois et douaisiens, quels bords de Scarpe ! Combien douces, et raisonnablement bizarres (nous nous entendons et vous nous comprenez) ces jeunes Albertines, ces Inès, ces Ondines, cette Laly Galine, ces exquis « *mon beau pays, mon frais berceau, air pur de ma verte contrée, soyez béni, doux point de l'univers.* »

Il nous faut donc restreindre aux justes (ou plutôt injustes) limites que la froide logique impose aux dimensions voulues de notre petit livre, notre pauvre examen d'un vraiment grand poète. Mais — mais! — quel dommage de ne vouloir que citer des fragments comme ceux-ci, écrits bien avant

que Lamartine éclatât et qui sont, nous
y insistons, du Parny chaste et si paisible !
supérieur en ce genre tendre !

> Dieu, qu'il est tard ! quelle surprise !
> Le temps a fui comme un éclair.
> Douze fois l'heure a frappé l'air
> Et près de toi je suis encore assise,
> Et loin de pressentir le moment du sommeil,
> Je croyais voir encore un rayon de soleil.
> Se peut-il que déjà l'oiseau dorme au bocage ?
> Ah ! pour dormir il fait si beau !
> . . . .
> Garde-toi d'éveiller notre chien endormi ;
> Il méconnaîtrait son ami
> Et de mon imprudence il instruirait ma mère.
> . . . .
> Écoute la raison : va-t'en, laisse ma main ;
> Il est minuit...

Est-ce pur ce « laisse ma main », est-
ce amoureux cet « il est minuit », après ce
rayon de soleil qu'elle croyait voir encore !
   Laissons, en soupirant ! la jeune fille.
La femme, nous l'avons entrevue plus
haut, quelle femme ! L'amie, ô l'amie ! les
vers sur la mort de madame de Girardin !

> La mort vient de fermer les plus beaux yeux du monde.

La mère !

Quand j'ai grondé mon fils, je me cache et je pleure.

Et quand ce fils va au collège, un cri terrible, n'est-ce pas ?

Candeur de mon enfant, comme on va vous détruire

Ce qu'on ignore le moins de Marceline Desbordes-Valmore, ce sont d'adorables fables, bien à elle, après cet amer La Fontaine et Florian le joli :

Un tout petit enfant s'en allait à l'école ;
On avait dit : allez ! il tâchait d'obéir.
. . . .

Et « le Petit Peureux » et « le Petit Menteur ! »
Oh ! nous vous en supplions, relevez toutes ces gentillesses point fades, point affectées.

Si mon enfant m'aime,

chante « la Dormeuse », ce qui veut dire ici « la Berceuse » combien mieux !

Dieu dira lui-même :
J'aime cet enfant qui dort.
Qu'on lui porte un rêve d'or.

Mais après avoir constaté que Marceline Desbordes-Valmore a, le premier d'entre les poètes de ce temps, employé avec le plus grand bonheur des rhythmes inusités, celui de onze pieds entre autres, très artiste sans *trop* le savoir et ce fut tant mieux, résumons notre admiration par cette admirable citation :

LES SANGLOTS

Ah ! l'enfer est ici ! l'autre me fait moins peur.
Pourtant le purgatoire inquiète mon cœur.

On m'en a trop parlé pour que ce nom funeste
Sur un si faible cœur ne serpente et ne reste.

Et quand le flot des jours me défait fleur à fleur,
Je vois le purgatoire au fond de ma pâleur.

S'ils ont dit vrai, c'est là qu'il faut aller s'éteindre,
O Dieu de toute vie ! avant de vous atteindre.

C'est là qu'il faut descendre, et sans lune et sans jour,
Sous le poids de la crainte et la croix de l'amour ;

Pour entendre gémir les âmes condamnées
Sans pouvoir dire : allez ! vous êtes pardonnées ;

Sans pouvoir les tarir, ô douleur des douleurs !
Sentir filtrer partout les sanglots et les pleurs ;

Se heurter dans la nuit des cages cellulaires
Que nulle aube ne teint de ses prunelles claires ;

Ne savoir où crier au Sauveur méconnu :
« Hélas ! mon doux Sauveur, n'êtes-vous pas venu ? »

Ah ! j'ai peur d'avoir peur, d'avoir froid, je me cache
Comme un oiseau tombé qui tremble qu'on l'attache.

Je rouvre tristement mes bras au souvenir...
Mais c'est le purgatoire et je le sens venir.

C'est là que je me rêve après la mort menée
Comme une esclave en faute au bout de sa journée,

Cachant sous ses deux mains son front pâle et flétri
Et marchant sur son cœur par la terre meurtri.

C'est là que je m'en vais au-devant de moi-même
N'osant y souhaiter rien de tout ce que j'aime.

Je n'aurais donc plus rien de charmant dans le cœur
Que le lointain écho de leur vivant bonheur.

> Ciel ! où m'en irai-je
> Sans pieds pour courir ?

Ciel! où frapperai-je
Sans clé pour ouvrir?

Sous l'arrêt éternel repoussant ma prière
Jamais plus le soleil n'atteindra ma paupière

Pour l'essuyer du monde et des tableaux affreux
Qui font baisser partout mes regards douloureux.

Plus de soleil! Pourquoi? Cette lumière aimée
Aux méchants de la terre est pourtant allumée;

Sur un pauvre coupable à l'échafaud conduit
Comme un doux « viens à moi » l'orbe s'épanche et
[luit.

Plus de feu nulle part! Plus d'oiseaux dans l'espace!
Plus d'Aγe Maria dans la brise qui passe!

Au bord des lacs taris plus un roseau mouvant!
Plus d'air pour soutenir un atome vivant!

Ces fruits que tout ingrat sent fondre sous sa lèvre
Ne feront plus couler leurs fraîcheurs dans ma fièvre;

Et de mon cœur absent qui viendra m'oppresser
J'amasserai les pleurs sans pouvoir les verser.

Ciel! où m'en irai-je
Sans pieds pour courir?
Ciel! où frapperai-je
Sans clé pour ouvrir?

7

Plus de ces souvenirs qui m'emplissent de larmes,
Si vivants que toujours je vivrais de leurs charmes ;

Plus de famille, au soir, assise sur le seuil
Pour bénir son sommeil chantant devant l'aïeul ;

Plus de timbre adoré dont la grâce invincible
Eût forcé le néant à devenir sensible ;

Plus de livres divins comme effeuillés des cieux
Concerts que tous mes sens écoutaient par mes yeux

Ainsi n'oser mourir quand on n'ose plus vivre
Ni chercher dans la mort un ami qui délivre !

O parents, pourquoi donc vos fleurs sur nos berceaux
Si le ciel a maudit l'arbre et les arbrisseaux ?

        Ciel ! où m'en irai-je
        Sans pieds pour courir ?
        Ciel ! où frapperai-je
        Sans clé pour ouvrir ?

Sous la croix qui s'incline à l'âme prosternée
Punie après la mort du malheur d'être née !

Mais quoi ! dans cette mort qui se sent expirer
Si quelque cri lointain me disait d'espérer,

Si dans ce ciel éteint quelque étoile pâlie
Envoyait sa lueur à ma mélancolie ?

Sous ces arceaux tendus d'ombre et de désespoir
Si des yeux inquiets s'allumaient pour me voir?

Oh! ce serait ma mère intrépide et bénie
Descendant réclamer sa fille assez punie.

Oui! ce serait ma mère ayant attendri Dieu
Qui viendra me sauver de cet horrible lieu,

Et relever au vent de la jeune espérance
Son dernier fruit tombé mordu par la souffrance.

Je sentirai ses bras si beaux, si doux, si forts,
M'étreindre et m'enlever dans ses puissants efforts;

Je sentirai couler dans mes naissantes ailes
L'air pur qui fait monter les libres hirondelles,

Et ma mère en fuyant pour ne plus revenir
M'emportera vivante à travers l'avenir!

Mais avant de quitter les mortelles campagnes
Nous irons appeler des âmes pour compagnes,

Au bout du champ funèbre où j'ai mis tant de fleurs,
Nous ébattre aux parfums qui sont nés de mes pleurs.

Et nous aurons des voix, des transports et des flam-
[mes
Pour crier : Venez-vous? à ces dolentes âmes.

« Venez-vous vers l'été qui fait tout refleurir,
Où nous allons aimer sans pleurer, sans mourir?

«Venez,venez voir Dieu! noussommes ses colombes.
Jetez-là vos linceuls, les cieux n'ont plus de tombes»

« Le Sépulcre est rompu par l'éternel amour,
Ma mère nous enfante à l'éternel séjour ! »

Ici la plume nous tombe des mains et
des pleurs délicieux mouillent nos pattes
de mouche. Nous nous sentons impuis-
sant à davantage disséquer un ange pareil!

Et, pédant, puisque c'est notre pitoya-
ble métier, nous proclamons à haute et
intelligible voix que Marceline Desbordes-
Valmore est tout bonnement, — avec
George Sand, si différente, dure, non sans
des indulgences charmantes, de haut bon
sens, de fière et pour ainsi dire de mâle
allure — la seule femme de génie et de
talent de ce siècle et de tous les siècles
en compagnie de Sapho peut-être, et de
sainte Thérèse.

V

VILLIERS DE L'ISLE-ADAM

« On ne doit écrire que pour le monde entier... »

« D'ailleurs que nous importe la justice ? Celui qui en naissant ne porte pas dans sa poitrine sa propre gloire ne connaîtra jamais la signification réelle de ce mot. »

Ces paroles, tirées de la préface de *la Révolte* (1870) donnent tout Villiers de l'Isle-Adam, l'homme et l'œuvre.

Orgueil immense, justifié.

Un Tout-Paris, celui littéraire et artistique, plutôt nocturne, nocturne bien, attardé aux belles discussions plus qu'aux joies qu'éclairent les gaz intimes, connaît et, sinon l'aime, admire cet homme de génie et ne l'aime peut-être pas assez parce qu'il doit l'admirer.

7.

De grands cheveux qui grisonnent, une
face large pour, on dirait, l'agrandissement
des yeux magnifiquement vagues, mous-
tache, royale, le geste fréquent, à mille
lieues d'être sans beauté, mais parfois
étrange et la conversation troublante
qu'une hilarité tout-à-coup secoue pour
céder la place aux plus belles intonations
du monde, basse-taille lente et calme, puis
soudain émouvant contralto. Et quelle
verve toujours inquiétante au possible !
Une terreur passe parfois parmi les pa-
radoxes, terreur qu'on dirait partagée
par le causeur, puis un fou rire tord causeur et auditeurs, tant éclate alors d'esprit
tout neuf et de force comique. Toutes les
opinions qu'il faut et rien de ce qui ne
peut pas ne pas intéresser la pensée défi-
lent dans ce courant magique. Et Villiers
s'en va, laissant comme une atmosphère
noire où vit dans les yeux le souvenir à la
fois d'un feu d'artifice, d'un incendie, d'une
série d'éclairs, et du soleil !

L'œuvre est plus difficile à s'en et à en
rendre compte que l'Ouvrier qu'on trouve
souvent tandis que l'œuvre est rarissime.

Nous voulons dire presque introuvable,
tant, par un dédain du bruit non moins
que pour des raisons de haute indolence le
poète gentilhomme a négligé la publicité
banale en vue de la seule gloire.

Il commença enfant par des vers superbes. Seulement allez les chercher !
Allez chercher *Morgane, Elën,* ces drames
comme on en a fait peu parmi les plus
grands dramatistes, allez chercher *Claire
Lenoir,* un roman unique en ce siècle ! Et
la suite, et la fin d'*Axel,* de l'*Ève future,*
des chefs-d'œuvre, de purs chefs-d'œuvre
interrompus depuis des années, repris
sans cesse comme les cathédrales et les
révolutions, hauts comme elles.

Heureusement, Villiers nous promet une
grande édition de ses œuvres complètes,
six volumes, — et quels ! pour très bien-
tôt[1].

Bien que Villiers soit déjà TRÈS GLO-

1. L'*Ève future,* l'*Amour suprême,* ont paru,
Axel, Tribunat Bonhomet (nouveau titre de *Claire
Lenoir*), ont été réimprimés récemment. Livre
divin, livres royaux !

RIEUX, et que son nom parte, destiné au
plus profond retentissement, pour une
postérité sans fin, néanmoins nous le clas-
sons parmi les *Poètes maudits*, PARCE
QU'IL N'EST PAS ASSEZ GLORIEUX en ces
temps qui devraient être à ses pieds.

Et tenez ! comme pour nous ainsi que
pour beaucoup de bons esprits, l'Académie
Française, — qui a donné à Leconte de
Lisle le fauteuil du célèbre Hugo, lequel
Hugo fut, à parler franc, une façon tout
de même de grand poète, — a du bien et
du mieux, et puisque les Immortels de
par delà le Pont des Arts ont, enfin ! consacré la tradition d'un grand poète rem-
placé par un grand poète après un poète
considérable qui fut Népomucène Lemer-
cier remplaçant lui-même nous ne savons
plus qui, qui est-ce alors qui pourrait
suppléer après sa mort que nous espérons
très éloignée, le poète Classique et Barbare, sinon Monsieur le Comte de Villiers
de l'Isle-Adam que recommandent, d'a-
bord, son énorme titre nobiliaire pour tant
de ducs, et surtout l'immense talent, le fa-
buleux génie de ce d'ailleurs charmant

camarade, de cet homme du monde accompli sans les inconvénients, de Villiers
de l'Isle-Adam pour tout dire et dire tout ?

Maintenant citons et citons bien, *namely*,
la « scène *muette* » de *la Révolte*

La pendule au-dessus de la porte sonne une
heure du matin, musique sombre ; puis, entre
d'assez longs silences, deux heures, puis deux
heures et demie, puis trois heures, puis trois
heures et demie et enfin quatre heures. Félix
est resté évanoui. Le petit jour vient à travers
les vitres, les bougies s'éteignent ; une bobèche
se brise d'elle-même, le feu pâlit.

La porte du fond se rouvre violemment ;
entre Mme Élisabeth tremblante, affreusement
pâle ; elle tient son mouchoir sur la bouche,
sans voir son mari, elle va lentement vers le
grand fauteuil, près de la cheminée. Elle jette
son chapeau, et, le front dans ses mains, les
yeux fixes, elle tombe assise et se met à rêver
à voix basse. — Elle a froid ; ses dents cla-
quent et elle frissonne.

et la scène X de l'acte troisième du *Nouveau
Monde*, où, après l'exposé très spirituel et
très éloquent des griefs financiers des
tenanciers de l'Angleterre en Amérique,
tout le monde parle ensemble, comme
l'indiquent deux accolades, — et que voici

avec les accolades réduites aux proportions
de notre texte.

EFFIE, NOELLA, MAUD *entonnant un psaume :*

« Super flumina Babylonis... »

L'OFFICIER *derrière Tom Burnett debout sur
l'escabeau et avec une volubilité criarde, domi-
nant le psaume.*

Vous êtes en retard, Sir Tom ! C'est jour de
rentrée ! Positivement vous êtes en retard.
Vous avez passé plusieurs traités avec les
explorateurs allemands : coût cent soixante-
trois thalers qu'ils prononcent dollars...

(Chant des oiseaux dans les feuillages.)

EFFIE, MAUD, NOELLA, *plus fort.*

« Sedimus et flebimus... »

L'OFFICIER *criant dans l'oreille de Tom
Burnett.*

... Et avec des négociants de Philadelphie !
Il y a d'assez forts droits à percevoir aussi.
Quant aux opérations industrielles, voici le
bordereau...

LE CHÉROKÉE *assis sur son baril.*

Boire du vin ! bien bon ! Le sirop d'érable
en fleur !

LE QUAKER EADIE *lisant à haute voix.*

Les oiseaux se réveillent de la méridienne.
Ils reprennent leurs hymnes et tout dans la
nature...

(*Le dogue aboie.*)

LE LIEUTENANT HARRIS *montrant Tom Burnett.*

Silence! Laissez-le parler.

UN PEAU-ROUGE *confidentiellement à un groupe de nègres.*

Si tu vois les abeilles, les blancs vont venir; si tu vois le bison, l'Indien le suit.

MONSIEUR O'KEENE, *à un groupe.*

On dit qu'il s'est passé à Boston des choses effrayantes. Figurez-vous que...

TOM BURNETT, *hors de lui, à l'officier.*

En retard! ah ça, mais c'est ma ruine! Il n'y a pas de raison à ce que tout ceci finisse! Taxez l'air que je respire! Pourquoi ne m'arrêtez-vous pas au coin du bois, tout de suite? N'ai-je vécu que pour voir ceci? C'est bien la peine de travailler, de devenir un honnête homme! Positivement j'aime mieux, les Mahowks.

(*Furieux, vers les femmes.*)

Oh! ce psaume!

(*Des singes se balancent aux lianes.*)

UN COMANCHE, *à part, les regardant.*

Pourquoi l'Homme-d'en-Haut plaça-t-il l'homme rouge au centre et les blancs tout autour?

MAUD *tout d'une haleine, les yeux au ciel et montrant Tom Burnett.*

Tout le monde parle ensemble.

Quelle éloquence l'Esprit saint lui prête !

(Cet ensemble ne doit pas durer une demi-
minute à la scène. C'est l'un de ces moments
de confusion où la foule prend elle-même la
parole.

C'est une explosion soudaine de tumulte où
l'on ne distingue que les mots « dollars »,
« psaumes », « en retard ! » « Babylonis », « Lais-
sez-le parler », « Boston ! » « Méridienne », etc.,
mêlés à des aboiements, à des cris d'enfants,
des piaulements de perroquets. — Des singes
effrayés se sauvent de branches en branches,
des oiseaux traversent le théâtre de côté et
d'autre.)

Tout le monde parle ensemble.

On a, très amèrement critiqué, bafoué
même ces deux scènes que nous citons
tout exprès pour bien faire correspondre
notre titre avec notre sujet.

On a eu tort, car il fallait comprendre
que le Théâtre, chose de convention *rela-*
tive, doit faire au poète moderne les con-
cessions qu'il n'a pu se dispenser d'oc-
troyer aux ancêtres.

Nous nous expliquons.

Ce n'est ni de Shakspeare, avec ses
poteaux indicateurs, ni du théâtre español
et de ses *jornadas* qui comportent parfois

des années et des années, que nous parlons.

Non, c'est du Père Corneille si scrupu-
leux, du non moins correct que tendre
Racine et de ce Molière non moins correct
si point si tendre, qu'il retourne. L'unité
de lieu parfois rompue dans ce dernier ne
le cède dans tous les trois qu'à l'unité de
temps également violée. Or *qu'a voulu*
faire Villiers dans les deux scènes que nous
venons de vous offrir, sinon profiter, dans
la première, de tout ce que les Planches
permettaient aux trois Classiques français, quand leur drame se heurtait à des
situations trop à l'étroit parmi les gênantes
vingt-quatre heures dont la recommanda-
tion est attribuée à feu Aristote, — dans la
seconde, de la même tolérance dont ils
n'ont pas osé user, c'est vrai, quant à ce qui
concernait un état de choses plus rapide en
quelque sorte que la parole, tolérance que
la Musique exploite tous les jours avec ses
duos, trios, et tutti, et la Peinture avec
ses perspectives.

Mais non. Défense au génie contemporain de faire ce que faisait le génie antique.

8

On a beaucoup ri de la SCÈNE MUETTE et de la scène où tout le monde parle, et on en rira longtemps. Cependant nous venons de vous prouver irréfutablement et nul ne doute donc que vous ne conveniez, que Villiers a eu non-seulement le droit, mais cent fois raison de les écrire comme il aurait eu mille fois tort de ne pas les écrire. *Durus Rex, sed Rex.*

L'œuvre de Villiers, rappellerons nous, va paraître et nous espérons fort que le succès — vous entendez? — LE SUCCÈS, lèvera la malédiction qui pèse sur l'admirable poète que nous regretterions de quitter sitôt, si ce ne nous était une occasion de lui envoyer notre plus cordial : Courage !

Nous ne parlerons pas des *Contes Cruels* parce que ce livre a fait son chemin. On trouve là parmi des nouvelles miraculeuses, de trop rares vers de la maturité du poète, de tout petits poèmes doux-amers adressés à ou faits à propos de quelque femme jadis adorée probablement et sûrement méprisée aujourd'hui, — comme il arrive, paraît-il Nous en exhiberons de courts extraits.

RÉVEIL

O toi dont je reste interdit,
J'ai donc le mot de ton abîme.

. . . .

Sois oubliée en tes hivers !

ADIEU

Un vertige épars sous tes voiles
Tente mon front vers tes bras nus.

. . . .

Et tes cheveux couleur de deuil
Ne font plus d'ombre sur mes rêves.

RENCONTRE

Tu secouais ton noir flambeau,
Tu ne pensais pas être morte :
J'ai forgé la grille et la porte
Et mon cœur est sûr du tombeau !

. . . .

Tu ne ressusciteras pas !

Et comment nous tenir de mettre
encore sous vos yeux cette fois une pièce
tout entière? Comme dans *Isis*, comme
dans *Morgane*, comme dans le *Nouveau
Monde*, comme dans *Claire Lenoir*, comme

dans toutes ses œuvres, Villiers évoque
ici le spectre d'une femme mystérieuse,
reine d'orgueil, sombre et fière comme la
nuit encore et déjà crépusculaire avec des
reflets de sang et d'or sur son âme et sur
sa beauté.

AU BORD DE LA MER

Au sortir de ce bal nous suivîmes les grèves.
Vers le toit d'un exil, au hasard du chemin,
Nous allions : une fleur se fanait dans sa main.
C'était par un minuit d'étoiles et de rêves.

Dans l'ombre, autour de nous, tombaient des flots
                                              [foncés.
Vers les lointains d'opale et d'or, sur l'Atlantique,
L'outre-mer épandait sa lumière mystique.
Les algues parfumaient les espaces glacés.

Les vieux échos sonnaient dans la falaise entière !
Et les nappes de l'onde aux volutes sans frein
Écumaient, lourdement, contre les rocs d'airain.
Sur la dune brillaient les croix d'un cimetière.

Leur silence, pour nous, couvrait ce vaste bruit.
Elles ne tendaient plus, croix par l'ombre insultées,
Les couronnes de deuil, fleurs de mort, emportées
Dans les flots tonnants, par les tempêtes, la nuit.

Mais de ces blancs tombeaux en pente sur la rive,
Sous la brume sacrée, à des clartés pareils,
L'ombre questionnait en vain les grands sommeils :
Ils gardaient le secret de la Loi décisive.

Frileuse, elle voilait d'un cachemire noir
Son sein royal, exil de toutes mes pensées !
J'admirais cette femme aux paupières baissées,
Sphynx cruel, mauvais rêve, ancien désespoir !

Ses regards font mourir les enfants. Elle passe
Et se laisse survivre, en ce qu'elle détruit.
C'est la femme qu'on aime à cause de la Nuit,
Et ceux qu'elle a connus en parlent à voix basse.

Le danger la revêt d'un rayon familier :
Même dans son étreinte oublieusement tendre,
Ses crimes évoqués sont tels qu'on croit entendre
Des crosses de fusils tombant sur le palier.

Cependant sous la honte illustre qui l'enchaîne,
Sous le deuil où se plaît cette âme sans essor
Repose une candeur inviolée encor
Comme un lys enfermé dans un coffret d'ébène.

Elle prêta l'oreille au tumulte des mers,
Inclina son beau front touché par les années,
Et se remémorant ses mornes destinées,
Elle se répandit en ces termes amers :

« Autrefois, autrefois, — quand je faisais partie
» Des vivants, — leurs amours sous les pâles flam-
                                                    [beaux
                              8.

» Des nuits, comme la mer au pied de ces tombeaux
» Se lamentaient, houleux, devant mon apathie.

» J'ai vu de longs adieux sur mes mains se briser :
» Mortelle, j'accueillais sans désir et sans haine,
» Les aveux suppliants de ces âmes en peine :
» Le sépulcre à la mer ne rend pas son baiser.

» Je suis donc insensible et faite de silence
» Et je n'ai pas vécu ; mes jours sont froids et vains,
» Les Cieux m'ont refusé les battements divins !
» On a faussé pour moi les poids de la balance.

» Je sens que c'est mon sort même dans le trépas :
» Et soucieux encore des regrets ou des fêtes,
» Si les morts vont chercher leurs fleurs dans les tem-
                                        [pêtes
» Moi je reposerai, ne les comprenant pas. »

Je saluai les croix lumineuses et pâles.
L'étendue annonçait l'aurore, et je me pris
A dire, pour calmer ses ténébreux esprits
Que le vent des remords battait de ses rafales

Et pendant que la mer déserte se gonflait :
« Au bal vous n'aviez pas de ces mélancolies
» Et les sons de cristal de vos phrases polies
» Charmaient le serpent d'or de votre bracelet.

» Rieuse et respirant une touffe de roses,
» Sous vos grands cheveux noirs mêlés de diamants,

» Quand la valse nous prit, tous deux, quelques mo-
[ments,
» Vous eûtes, en vos yeux, des lueurs moins moroses.

» J'étais heureux de voir sous le plaisir vermeil
» Se ranimer votre âme à l'oubli toute prête,
» Et s'éclairer enfin votre douleur distraite
» Comme un glacier frappé d'un rayon de soleil. »

Elle laissa briller sur moi ses yeux funèbres
Et la pâleur des morts ornait ses traits fatals.
« Selon vous, je ressemble aux pays boréals,
» J'ai six mois de clartés et six mois de ténèbres ?

» Sache mieux quel orgueil nous nous sommes donné
» Et tout ce qu'en nos yeux il empêche de lire :
» Aime-moi, toi qui sais que, sous un clair sourire,
» Je suis pareille à ces tombeaux abandonnés. »

Et, sur ces vers qu'il faut qualifier de
sublimes, nous prendrons congé définiti-
vement — damné petit espace ! — de l'ami
qui les faisait.

VI

PAUVRE LELIAN

Ce Maudit-ci aura bien eu la destinée la
plus mélancolique, car ce mot doux peut,
en somme, caractériser les malheurs de
son existence, à cause de la candeur de
caractère et de la mollesse, irrémédiable?
de cœur qui lui ont fait dire à lui-même
de lui-même, dans son livre *Sapientia*,

Et puis, surtout, ne va pas t'oublier toi-même,
Traînassant ta faiblesse et ta simplicité
Partout où l'on bataille et partout où l'on aime,
D'une façon si triste et folle en vérité !

. . . .
A-t-on assez puni cette lourde innocence ?

Et dans son volume *Charité* qui vient
de paraître.

J'ai la fureur d'aimer, mon cœur si faible est fou.
. . . .
Je ne puis plus compter les chutes de mon cœur.

et qui furent les éléments uniques, enten-
dez-le bien, de cet orage, sa vie!

Son enfance avait été heureuse.

Des parents exceptionnels, un père
exquis, une mère charmante, morts, hélas!
le gâtaient en fils unique qu'il était. On
l'avait mis toutefois en pension de bonne
heure et là commença la déroute. Nous
le voyons encore dans sa longue blouse
noire, avec sa tête tondue, des doigts dans
la bouche, accoudé à la barrière de sépa-
ration de deux cours de récréation, qui
pleurait presque au milieu des autres
gamins, déjà endurcis, jouant! Même le
soir il se sauva et fut reconduit, le lendemain, à force de gâteaux et de promesses,
dans le « bahut », où depuis, à son tour, il
se « déprava », devint un vilain galopin
pas trop méchant avec de la rêvasserie
dans la tête. Ses études étaient indiffé-
rentes, et ce fut tant bien que mal qu'il
passa son baccalauréat après de vagues
succès, en dépit de sa paresse qui n'était,
répétons-le, que de la rêvasserie déjà. La
postérité saura, si elle s'occupe de lui, que
le lycée Bonaparte, depuis Condorcet, puis

Fontanes, puis *re*-Condorcet, fut l'établis-
sement où s'usa le fond de ses culottes de
garçonnet et d'adolescent. Une inscription
ou deux à l'École de droit et passablement
de bocks bus dans les *caboulots* de ce temps-
là, ébauches des brasseries-à-femmes ac-
tuelles, complétèrent ces médiocres huma-
nités. C'est de ce moment qu'il se mit aux
vers. Déjà, depuis ses quatorze ans, il avait
rimé à mort, faisant des choses vraiment
drôles dans le genre obscéno-macabre. Il
brûla bien vite, oublia plus vite encore ces
essais informes mais amusants et publia
Mauvaise Étoile, peu après que plusieurs
pièces de lui eussent pris place dans le
Premier Parnasse à Lemerre. Ce recueil,
— c'est de *Mauvaise Étoile* que nous entendons parler — eut parmi la presse un
joli succès d'hostilité. Mais que faisait au
goût de Pauvre Lelian pour la poésie, goût
réel sinon talent encore hors de page? Et,
un an écoulé, il imprimait *Pour Cythère*,
où un progrès très sérieux fut avoué par la
critique. Le petit bouquin fit même quelque bruit dans le monde des poètes. Un
an après encore, nouvelle plaquette, *Cor-*

beille de noces, proclamant la grâce et la
gentillesse d'une fiancée... Et c'est d'alors
que put dater « sa plaie ».

.   .   .   .

.   .   .   .

.   .   .   .

Au sortir de cette mortelle période
parut *Sapientia,* plus haut nommée et
citée. Quatre ans auparavant, en plein
ouragan, ç'avait été le tour de *Flûte et Cor,*
un volume dont on a parlé, depuis, beaucoup, car il contenait plusieurs parties
assez nouvelles.

La conversion de Pauvre Lelian au
catholicisme, *Sapientia* qui en procédait,
et l'apparition ultérieure d'un recueil un
peu mélangé, *Avant-hier et hier,* où passablement de notes des moins austères
alternaient avec des poèmes presque trop
mystiques, firent, dans le petit monde
des vraies Lettres, éclater une polémique
courtoise, mais vive. Un poète n'était-il
pas libre de tout faire pourvu que tout fût
bel et bien fait, ou devait-il se cantonner
dans un genre, sous prétexte d'unité ?
Interrogé par plusieurs de ses amis sur ce

sujet, notre auteur, quelle que soit son horreur native pour ces sortes de consultations, répondit par une assez longue digression que nos lecteurs liront peut-être non sans intérêt pour sa naïveté.

Voici cette pièce :

« Il est certain que le poète doit, comme tout artiste, après l'intensité, condition héroïque indispensable, chercher l'unité. L'unité de ton (qui n'est pas la monotonie) un style reconnaissable à tel endroit de son œuvre pris indifféremment, des habitudes, des attitudes ; l'unité de pensée aussi et c'est ici qu'un débat pourrait s'engager. Au lieu d'abstractions, nous allons tout simplement prendre notre poète comme champ de dispute. Son œuvre se tranche, à partir de 1880, en deux portions bien distinctes et le prospectus de ses livres futurs indique qu'il y a chez lui parti pris de continuer ce système et de publier, sinon simultanément (d'ailleurs ceci ne dépend que de convenances éventuelles et sort de la discussion), du moins parallèlement, des ouvrages d'une absolue différence d'idées, — pour bien préciser, des

9

livres où le catholicisme déploie sa logique
et ses illécebrances, ses blandices et ses
terreurs, et d'autres purement mondains :
sensuels avec une affligeante belle humeur
et pleins de l'orgueil de la vie.Que devient
dans tout ceci, dira-t-on, l'unité de pensée
préconisée?

» Mais, elle y est! Elle y est au titre
humain, au titre catholique, ce qui est la
même chose à nos yeux. Je crois, et je
pèche par pensée comme par action; je
crois, et je me repens par pensée en attendant mieux. Ou bien encore, je crois,
et je suis bon chrétien en ce moment;
je crois et je suis mauvais chrétien l'instant d'après. Le souvenir, l'espoir, l'invo-
cation d'un péché me délectent avec ou
sans remords, quelquefois sous la forme
même et muni de toutes les conséquences
du Péché, plus souvent, tant la chair et le
sang sont forts, — naturels et *animals*, tels
les souvenirs, espoirs et invocations du
beau premier libre-penseur. Cette délec-
tation, moi, vous, lui, écrivains, il nous
plaît de la coucher sur le papier et de la
publier plus ou moins bien ou mal expri-

mée; nous la consignons enfin dans la
forme littéraire, oubliant toutes idées
religieuses ou n'en perdant pas une de
vue. De bonne foi nous condamnera-t-on
comme poète? Cent fois non. Que la cons-
cience du catholique raisonne autrement
ou non, ceci ne nous regarde pas.

» Maintenant, les vers catholiques de
Pauvre Lelian couvrent-ils littérairement
ses autres vers? Cent fois oui. Le ton est
le même dans les deux cas, grave et
simple ici, là fiorituré, languide, énervé,
rieur et tout; mais le même ton partout,
comme l'Homme mystique et sensuel reste
l'homme intellectuel toujours dans les
manifestations diverses d'une même pensée qui a ses hauts et ses bas. Et Pauvre
Lelian se trouve très libre de faire nette-
ment des volumes de seule oraison en
même temps que des volumes de seule
impression, de même que le contraire lui
serait des plus permis. »

. . . .
. . . .
. . . .

Depuis, Pauvre Lelian a produit un petit

livre de critique, — ô de critique ! d'exal-
tation plutôt, — à propos de quelques
poètes méconnus. Ce libelle se nommait
les Incompris, on n'y lisait pas encore,
entre autres choses, d'un nommé Arthur
Rimbaud, ceci, dont Lelian aimait à sym-
boliser certaines phases de sa propre destinée :

LE CŒUR VOLÉ

Mon pauvre cœur bave à la poupe,
Mon cœur est plein de caporal.
Ils lui lancent des jets de soupe.
Mon pauvre cœur bave à la poupe.
Sous les quolibets de la troupe
Qui pousse un rire général,
Mon pauvre cœur bave à la poupe,
Mon cœur est plein de caporal.

Ithyphalliques et pioupiesques,
Leurs insultes l'ont dépravé.
A la vesprée, ils font des fresques
Ithyphalliques et pioupiesques.
O flots abracadabrantesques,
Prenez mon cœur, qu'il soit sauvé !

Ithyphalliques et pioupiesques,
Leurs insultes l'ont dépravé.

TÊTE DE FAUNE

Dans la feuillée, écrin vert taché d'or,
Dans la feuillée incertaine et fleurie,
D'énormes fleurs où l'âcre baiser dort,
Vif et devant l'exquise broderie,

Le Faune affolé montre ses grands yeux
Et mord la fleur rouge avec ses dents blanches
. Brunie et sanglante ainsi qu'un vin vieux,
Sa lèvre éclate en rires par les branches;

Et quand il a fui, tel un écureuil,
Son rire perle encore à chaque feuille
Et l'on croit épeuré par un bouvreuil
Le baiser d'or du bois qui se recueille.

Il prépare, à travers des ennuis de toute
nature, plusieurs volumes. *Charité* a paru
en mars dernier. *A-côté* va paraître. Le
premier, suite à *Sapientia*, volume d'un
âpre et doux catholicisme, l'autre, un
recueil en vers des sensations des plus
sincères mais bien osées.

Enfin, il a vu l'impression de deux
œuvres en prose, *les Commentaires de*

Socrate, autobiographie un peu généra-
lisée, et *Clovis Labscure,* titre principal
de plusieurs nouvelles pour être l'une et
l'autre continuées si le veut Dieu.

Il a bien d'autres projets. Seulement il
est malade, découragé un peu, et vous
demande la permission de s'aller mettre
au lit.

— Ah! depuis, bien remis, il écrit et va
ou veut, ce qui est la même chose, vivre
Beatitudo.

FIN

TABLE

FIN DE LA TABLE

ASNIÈRES. — IMPRIMERIE LOUIS BOYER ET Cⁱᵉ

Breinigsville, PA USA
17 March 2011
257881BV00004B/206/P